BIENHEUREUX PIERRE FOURIER

7 JUILLET 1889

PAR

L'ABBÉ BERNHARDT

Et erat potens in verbis et in operibus suis.
Sa force éclatait dans ses paroles et ses œuvres.

NANCY
IMPRIMERIE CATHOLIQUE DE RENÉ VAGNER
3, rue du Manège, 3.

1889

BIENHEUREUX PIERRE FOURIER

BIENHEUREUX PIERRE FOURIER

7 JUILLET 1889

PAR

L'ABBÉ BERNHARDT

Et erat potens in verbis et in operibus suis.

Sa force éclatait dans ses paroles et ses œuvres.

—◦◇◦—

NANCY

IMPRIMERIE CATHOLIQUE DE RENÉ VAGNER
3, rue du Manège, 3.

—

1889

BIENHEUREUX PIERRE FOURIER

Et erat potens in verbis et in operibus suis.

Sa force éclatait dans ses paroles et ses œuvres.

La véritable grandeur, ici-bas, n'appartient qu'aux puissances de l'âme. Mais, parmi les hommes, les uns l'emportent par la supériorité de leur *Intelligence* qui saisit la Vérité, dans des conceptions scientifiques dont l'heureuse fécondité assure à leurs auteurs une légitime et impérissable gloire. Les autres se distinguent par le *Cœur*, et s'immortalisent dans les inspirations et les créations d'une sensibilité merveilleuse, qui, comme les cordes d'une lyre, vibre et s'émeut, à l'idée ou en présence du Beau. D'autres, enfin, excellent par l'énergie de leur *Volonté* ou la

force de leur caractère, dans des actions ver-
tueuses dont l'héroïsme déconcerte la mol-
lesse du plus grand nombre ou provoque l'admiration sincère et l'ardente émulation des
âmes d'élite. A cette dernière catégorie de
grands hommes, les meilleurs et les plus pro-
ches de Dieu, appartiennent tous les héros du
christianisme, les saints ; car, si plusieurs
furent des savants illustres ou des artistes
admirables, tous ont poussé la pratique du
Bien, du devoir, de la vertu, tous ont élevé la
force de la volonté et l'énergie des détermina-
tions, à des hauteurs que, jusque-là, Jésus-
Christ seul avait atteintes et dépassées.
Qu'est-ce, en effet, que la douceur d'un François de Sales, sinon la force d'une volonté,
qui dompte un tempérament plein de colère et
d'emportement ; l'humilité d'un François
d'Assise, sinon la force d'une volonté qui
immole à Dieu l'instinct des vanités, des dis-
tinctions et des honneurs ; la charité d'un
Vincent de Paul, sinon la force d'une volonté
qui sacrifie l'amour inné de l'or et de la fortune ; la chasteté des vierges, la patience et la
persévérance invincible des confesseurs et

des martyrs, sinon la force d'une volonté qui triomphe des appâts de la sensualité et de la douleur des plus cruels supplices? Ainsi, de quelques noms que vous décoriez les vertus des saints, elles ne sont, en réalité, que le fruit d'une force et d'une puissance héroïques de la volonté, soutenue par la grâce divine. Puisqu'à ce trait caractéristique il faut toujours ramener leurs resplendissantes physionomies, je veux, aujourd'hui, vous montrer, dans la vie et les œuvres de Pierre Fourier, votre bienheureux Patron, la *Force* et l'énergie de la volonté, la puissance qui fait les Saints, comme le proclame l'Eglise : *Erat potens in verbis et in operibus suis :* la force éclatait dans ses paroles et dans ses œuvres ! Puissent Dieu et celui qu'en Lorraine on nomme toujours le Bon Père, bénir mes paroles et les féconder dans vos âmes.

La vie de Pierre Fourier nous apparaît à trois siècles de distance comme une volontaire immolation qui dura soixante-dix ans, comme un long sacrifice où, semblable à Jésus-Christ sur nos autels, Fourier fut à la fois la victime et le sacrificateur, et dans lequel nous retrouvons, par une mystérieuse et touchante analogie l'*offrande* cu sanctifica-. tion, la *consécration* ou immolation, et la *communion* ou consommation de la victime. Mais, à travers ces trois phases, nécessaires à la plénitude du sacrifice, nous voyons, par un prodige de la grâce, la force de son âme, l'énergie de sa volonté, croître et grandir pour enfanter des œuvres de plus en plus fécondes et de plus en plus considérables. Comme François-Xavier qui, dans l'ardeur de son apostolat, redisait, après chaque royaume conquis à la Foi chrétienne : *Amplius ! Amplius !* Gagnons encore plus d'âmes à Jésus-Christ, Pierre Fourier ne cessa de vouloir mieux encore, mieux toujours, se disant à lui-même et répétant aux autres : *Excelsius ! Semper excelsius !* Plus haut ! Toujours plus haut !

En 1579, un jeune homme sorti de Mire-court, entrait à Pont-à-Mousson, pour y suivre, confondu parmi les écoliers de tous les pays, les cours de l'Université lorraine. Il avait quatorze ans, sa taille était élevée, son visage offrait la blancheur du lys et l'éclat de la rose, ses yeux étaient beaux, ses lèvres vermeilles, son aspect grave et sympathique. Sa condition n'était exempte ni de difficultés, ni de périls. Les écoliers d'alors, logés dans les hôtelleries de la ville, se retrouvaient, après les heures consacrées aux classes, libres et maîtres d'eux-mêmes. Moins favorisés que nous, ils n'avaient, pour diriger leur conduite et les garantir contre la légèreté de leur caractère, les caprices de leur imagination, et l'entraînement des compagnies, ni la prudente sagesse des règlements, ni la sollicitude éclairée des maîtres qui nous suivent, et veillent sur nos délassements comme sur nos travaux. Livrés à leur initiative personnelle, plusieurs s'endormaient dans les délices d'une oisiveté stérile, ou dissipaient, dans des amusements frivoles leur temps et leur esprit, ou, ce qui est plus regrettable encore, outrageaient la morale et Dieu dans les honteux excès de leurs coupables passions. Pierre Fourier parut au milieu d'eux armé de la résolution inébranlable qu'il avait formée de mourir plutôt que de perdre l'innocence de son Baptême. « Ce fut, dit son premier historien, le cœur de ses entrailles, l'âme de son cœur, l'esprit de son âme, le centre où aboutirent tous ses soins, la pierre fondamentale de tout son édifice spirituel, la première et plus solide base de sa sainteté. »

Il eut, dès son entrée dans une carrière si nouvelle, l'énergie de s'imposer une loi rigoureuse qui réglait strictement l'emploi de son temps, « ce baume précieux dont il ne faut perdre une seule gouttelette » et la force plus admirable encore de ne s'en départir jamais. Il fit de sa liberté deux parts qu'il consacrait l'une à l'étude, l'autre à la prière, en sorte qu'on ne le trouvait jamais « qu'un livre à la main ou la prière à la bouche », c'est-à-dire parlant à Dieu ou écoutant Dieu qui lui parlait. Lorsqu'on demandait à son serviteur : Où est Fourier ? cet homme répondait avec assurance : ou il travaille ou il prie, *aut studet aut orat !* Admirable force de la volonté qui rend un enfant de quatorze ans tellement maître de lui-même, qu'il abandonne, quand l'heure, marquée par lui, retentit à son oreille, ou l'étude pour la prière, ou la prière pour l'étude !

On pouvait lui appliquer ce qui fut dit de saint Basile et de saint Grégoire de Nazianze : « Il ne connaissait que le chemin de l'école et celui de l'église. » Mais, soit qu'il se rendit à Saint-Martin pour y entendre et servir la messe avec le recueillement d'un ange, soit qu'il cheminât vers les hautes murailles de l'Université, pour y recueillir les enseignements de ses maîtres, il traversait modestement la ville, tenait ses paupières baissées, comme un homme qui sait interdire à ses yeux d'errer au hasard sur les personnes et sur les choses pour y trouver des aventures. Cette réserve et cette possession de soi-même attirèrent promptement sur Fourier l'attention de ses compagnons, et, frappés de sa régularité autant que de sa piété, ils rendirent spontanément témoignage à sa grandeur d'âme en le nommant entre eux : le Saint. Qu'eussent-ils dit, mon Dieu, s'ils avaient su que cet adolescent, non content de se retrancher tout autre plaisir que ceux de l'étude et de la prière, commençait déjà contre son corps, pour le réduire et le soumettre à sa volonté, cette rude guerre qu'il a continuée jusqu'au dernier moment de sa vie, ne mangeait qu'une fois chaque jour, se privait de vin, se couchait sur la terre nue ou sur de durs amas de bois, pour y passer la nuit pendant les plus âpres rigueurs de l'hiver, et déchirait ses tendres épaules avec les pointes d'une haire ou les nœuds d'une discipline ?

Comme si la Providence eut pris plaisir à réaliser en Pierre Fourier la parole de l'Esprit-Saint : « *Pietas ad omnia utilis est,* » la piété est utile à tout », à mesure la force de sa volonté éclatait dans sa religion et sa pénitence, à mesure aussi grandissaient ses progrès et ses succès dans la connaissance des langues, les travaux de la poésie, de l'éloquence et de la philosophie. Il n'avait pas terminé ses études et déjà les membres les plus signalés de la noblesse lorraine lui demandaient la faveur de prendre leurs enfants sous sa direction. Ainsi, par sept années d'efforts généreux, de résolution persévérante, d'énergie morale et de luttes contre lui-même, Pierre Fourier plaça sur son front l'autorité de la science et l'autorité de la vertu, comme une double auréole que, seul, il méconnut et qui le signalait à l'admiration de tous. Ainsi, après sept années d'une sanctification constante, opérée par l'exercice ininterrompu d'une volonté que la grâce soutient et fortifie, il est prêt, comme la victime purifiée qui s'approche de l'autel, et lorsqu'à 21 ans, se tournant vers Dieu il lui dit avec le prophète : « Parlez, Seigneur, votre serviteur vous écoute », l'*offrande* était terminée.

Le moment est venu pour Pierre Fourier de fixer définitivement sa vie et de déterminer sa vocation. C'est toujours une heure importante et solennelle dans l'existence d'un homme que celle où, prêt à l'action, il choisit le terrain sur lequel il déploiera son activité, se disant : Je suis ici-bas, non pour jouir et me couronner de roses, non pour conquérir une gloire éphémère ou une fortune fugitive. mais, sans aucun doute, pour opérer mon salut en pratiquant le Bien. Où et comment pourrai-je le mieux atteindre cette fin suprême de ma vie mortelle ?

Fourier avait l'âme trop grande et le cœur trop haut, pour se laisser prendre aux séductions d'un monde trompeur, et, puisqu'il était résolu à exécuter toujours ce qui lui paraissait le plus parfait, il n'hésita pas à consacrer à Dieu sa personne, en embrassant la vie religieuse. Mais, dans quel ordre se sanctifiera-t-il plus sûrement? La Lorraine était couverte de monastères où vivaient les fils de saint Bruno, de saint Benoit, de saint Dominique, de saint François d'Assise et de saint Norbert. Une compagnie plus récente, pleine de vie et d'avenir, la Société de Jésus, y brillait de tout son éclat. Les ordres les plus fervents eussent ouvert les portes de leurs cloîtres à un jeune homme aussi distingué que Pierre Fourier ; cependant, par une inspiration dont la sagesse devait apparaître plus tard, il se détermina pour le moins florissant de tous, pour l'ordre des chanoines réguliers de Saint-Augustin. Rien, désormais, n'ébranlera sa résolution. Ni les prières de ses amis que son choix étonne et contriste, ni leurs remontrances, ni les longues et singulières épreuves d'une douloureuse probation ne ralentiront un instant son courage ! Vers la fin de 1587 il consomma librement et volontairement son *immolation*, et, le sourire aux

lèvres, le visage éclatant de bonheur, pro-
nonça entre les mains du Père Abbé, au mo-
nastère de Chaumouzey, les trois vœux de
Pauvreté, de Chasteté et d'Obéissance. Arrê-
tons ici nos regards, car voici le chef-d'œuvre
de la force et de l'énergie, voici l'acte parfait
de volonté ! Un homme, éclairé et soutenu par
la grâce, se résout à ne rien posséder sur la
terre, et renonce par une promesse irrévoca-
ble aux choses du dehors ! Bien plus, il se
dépouille, pour ainsi dire, de son propre
corps et s'interdit les affections qui fondent la
famille ! Enfin, il porte le glaive de l'immolation jusque dans les profondeurs de son âme
et fait l'héroïque sacrifice de sa volonté personnelle, pour suivre toujours, par le com-
mandement de ses supérieurs, la volonté de
Dieu ! Je ne connais rien de plus magnanime
sur la terre ! rien, qui soit plus digne à la fois
de l'admiration des nobles esprits ou des cœurs
généreux et de l'émulation des âmes subli-
mes ! C'est pour cela que, comme le prêtre qui
a consacré l'hostie, l'élève aux yeux de la foule
prosternée sur le parvis, et fléchit le genou
devant elle, l'Eglise élève au dessus de nos

têtes le nom, la mémoire, et les vertus de cette nouvelle et sainte hostie, fléchit le genou devant elle, et adore la puissance de Jésus Christ, son Dieu, sous les humbles dehors et les chétives apparences du Bienheureux Pierre Fourier, deux fois *consacré* à Dieu, par sa profession religieuse et par l'onction sacerdotale !

Pierre Fourier, Religieux et Prêtre, nous présente, pendant 50 ans, le spectacle d'une force indomptable qui sacrifie tout et se rend supérieur à tout. Il ne garde pour lui que la souffrance et par une merveille commune dans la vie des Saints, puise, dans ses douleurs, des joies que la paix et l'éclat de son visage trahissent à tous les regards.

Victime de l'amour divin, hostie agréable à Dieu, il réalise lentement, mais si efficacement la consommation et la communion qu'il a désirée et voulue, qu'on ne pouvait le voir, sans qu'aussitôt se présentât à l'esprit la pensée et le souvenir de Jésus-Christ.

Il est à Chaumouzey, et l'Enfer suscite contre lui une terrible tempête. Quelques-uns des moins réguliers, parmi les Religieux, résolus à ne point souffrir qu'il condamnât

leur lâche conduite, par l'éclat de ses vertus,
se liguent, pour l'humilier et le confondre.
Ils usent, tour à tour, des menaces, des
injures, des railleries, des coups, et, chose
horrible à dire, attentent à ses jours, en jetant
du poison dans ses aliments. Fourier supporta
sans jamais se plaindre, pendant deux ans,
cette injuste persécution ; confondit ses enne-
mis par son inébranlable fermeté, et gagna
à Dieu, par sa patience et son courage, ceux
mêmes qui avaient résolu de le perdre !

Le voici à Mattaincourt, par une nouvelle
et sainte détermination qui lui fait accepter,
entre trois situations, la plus humble et la
plus difficile. C'est, ici, le Calvaire où, pour
le salut de son peuple, il achève de répandre
son sang, goutte à goutte ! C'est, ici, l'autel
où l'holocauste finit de se consumer ! J'ai
visité, tremblant d'émotion et de respect,
cette obscure et pauvre chambre où Pierre
Fourier passa 40 années de sa vie. J'ai baisé
avec vénération ces meubles grossiers, reli-
ques précieuses qu'il faut protéger contre la
dévotion des pèlerins ; la table sur laquelle il
a tant travaillé et sur laquelle, vers la fin du

jour, il plaçait le pain, l'eau et les légumes qui formaient son unique repas; le banc sur lequel il étendait ses membres pendant les trois heures de sommeil qu'il s'accordait, lorsque sa fatigue était extrême; les lambris qu'il a teints de son sang; et mon esprit, invinciblement, s'est reporté vers l'étable de Bethléem et la demeure de Nazareth où le Sauveur du genre humain m'apparaissait à son tour dans un semblable et aussi volontaire dénuement!

Mais tandis qu'il se refuse tout, il prodigue à son peuple sa personne, son temps, ses exhortations et ses prières, poursuivant intrépidement le mal partout où il apprend qu'il s'est établi, et le réduisant par la force irrésistible de son éloquence autant que par l'autorité de sa charge. Bientôt Mattaincourt changea de face et devint semblable à un jardin précieux où s'épanouissent, comme des fleurs brillantes et suaves, toutes les vertus et tous les dévouements. Comment pourrai-je, ici, passer sous silence la providentielle inspiration de ces Vierges sages qui, touchées par la grâce divine, se confièrent à la science et à la charité de Pierre Fourier, pour fonder avec lui la fervente et florissante Congrégation de Notre-Dame ? Comment pourrai-je ici ne point nommer cette vénérable Mère Alix Leclerc, première Fille de Pierre Fourier par sa vocation, première Religieuse de Notre-Dame par ses vœux, première Supérieure de la Congrégation sous le nom béni de Sœur Thérèse de Jésus ; ce prodige de force, de courage, d'abnégation, de mortification, à qui nos cœurs adressent leur admiration et leurs prières, en attendant que le jugement de l'Eglise la place à côté de Pierre Fourier sur les autels ? O mystérieuse fécondité des grandes âmes ! O prodigieuse vitalité des Saints ! Fourier, sans y penser, incarne dans une Société entière sa propre force et perpétue à travers les siècles le trait caractéristique de sa sainteté : l'héroïsme de sa volonté et l'abnégation de soi-même. « Dieu, dit-il à ses filles, ne veut qu'une chose de vous, mais qui contient en soi toute la sainteté du ciel et de la terre ; en toutes vos actions et entreprises cherchez ce qui est le plus agréable à Dieu, et l'ayant reconnu, quittez résolument toute autre chose. »

Dieu réservait à son élu une dernière et suprême épreuve. A la suite d'évènements dont je ne puis vous donner le détail, Fourier suscita contre lui les colères injustes et les persécutions des grands et des puissants du royaume de France. Poursuivi de ville en ville, traqué comme un être malfaisant, le conseiller des princes lorrains dut fuir devant le ministre de Louis XIII, et se retirer à Gray dans le comté de Bourgogne. Dans cette ville hospitalière, loin de tous les siens, loin de ses fils et de ses filles, après deux ans d'un exil cruel à son cœur patriotique, il rendit son âme à Dieu pour recevoir la récompense de ses travaux et de ses vertus.

On dit qu'au moment de sa mort, un globe enflammé s'éleva vers le ciel pour apprendre au monde que son âme de feu quittait la terre. Grâce à Dieu, il en reste des étincelles qui provoqueront à leur tour les vastes incendies de la charité. Nous périssons, parcequ'il n'y a presque plus parmi nous de caractères vigoureux, d'âmes viriles et énergiques, de volontés fortes, mais je me rassure et je me surprends à espérer pour mon temps et mon

pays, quand je vois , sous la protection du
Bienheureux Pierre Fourier, grandir et se
former votre nombreuse et vaillante jeunesse.
Puisse Dieu, par l'intervention et les mérites
de ce bon père répandre sur vous, sur nous
tous, la lumière et la force qui créent les
grandes âmes, et les Saints ! Ainsi soit-il.

Nancy. — Imp. cath. de R. VAGNER.

www.ingramcontent.com/pod-product-compliance
Lightning Source LLC
LaVergne TN
LVHW020647180726
843502LV00006B/2288